AF595709

# LE PRINTEMPS VICTORIEVX.

## DE L'HYVER ET DE L'AVTONNE.

Sur le different qui estoit entre ces trois Saisons, pour receuoir l'Hymen de leurs,

# ALTESSES ROYALES.

# COMEDIE HEROIQVE

Iouée deuant leurs AA. RR. au College de la Compagnie de IESVS.

A CHAMBERY.

Par les FF. DV-FOVR Imprimeurs de S. A. R. 1663.

# A S. ALTESSE ROYALE,

MONSEIGNEVR

*QVELQVE Petit, que soit ce Theatre pour le plus grand Prince du Monde, il ne laisse pas d'estre Auguste par la gloire, qu'il a de se voir éleué sous les yeux de Vostre* ALTESSE ROYALE, *aux piez de la quelle, l'Amour & la ioye abbaissent aujourd'huy tous ses suiects, & luy attirent la veneration de tous les Peuples. Ce qu'il produict n'a rien que de grand, puisqu'il fait l'Allegorie de son Mariage auec la plus grande Princesse de l'Vniuers, & qu'il ne tend, qu'à representer l'empressement de trois Saisons, pour la Solemnité d'vn Hymen, qui a esté le vœu public de tant d'années, & duquel doit naistre l'Eclat de tous les Siecles. Ce bonheur que nous commançames à esperer l'Autonne derniere, que nous nous estions prepare de receuoir cét Hyuer, n'estoit dû qu'au Printemps. La Rose & le Lys, ces Fleurs Royales & augustes, de qui doiuent naitre les Fleurons de touttes les Couronnes des Roys, ne pouuoient de l'vnion de leur feu, & de leur lumiere former vn jour d'hyuer. Ces laqs d'Amour, qui tiennent la Force attachée, à vostre Royale maison, comme la vertu hereditaire de tous ses Heros, ne deuoient estre les nœus de l'Hymen du plus illustre de ses Souuerains, qu'en vn mois, où le feu de l'Amour est tout Martial: & la plus charmante Saison de la Nature, deuoit estre honorée des Nopces d'vn* PRINCE, *qui est les delices de tous ses Peuples, & d'vne Royale* PRINCESSE, *qui seule à merité de faire touttes celles de son Prince. Que V. A. R. Monseigneur reçoiue doncques s'il luy plaist, sur ce Theatre, le Printemps, qui là reçeu elle mesme dans ses Estats, auecque la plus aymable Souueraine de l'Europe: que cette Saison, qui fait le plus beau iour de la vie de V. A. R. & qui doit donner l'immortalité à son Auguste Maison, ait vn Moment de cette patience, qui vous preste aux choses les plus facheuses, auec vne égalité d'esprit si tranquille, que l'on peut en abuser sans s'en aperceuoir; & que les hommages, qu'il rend soient plus considerez, par la passion, que les Acteurs ont de plaire, dans le peu qu'ils font; que par les effets, qui n'ont rien de grand, que la necessité d'omettre beaucoup de ce qu'ils doiuent. Car* MONSEIGNEVR, *ce qui est dû à la grandeur de ce iour, n'est que pour nos souhaits, qui peuuent aller à l'impossible, & non pas pour nos effects, que nostre condition limite à peu de chose. Si ce que ce Theatre produit, ne tient gueres, des regles de son Art; c'est qu'il luy a fallu prendre celles du Temps, qui est la regle indispensable de touttes choses, & abandonner ce qu'il auoit de regulier en d'autres ouurages, pour s'attacher à celuy cy, que les circonstances possible auront rendu plus diuertissant. Il s'estimera beaucoup, quelque peu, qu'il doiue estre estimé, si seruant au diuertissement d'vn iour, qui fait la felicité publique, il a l'auantage de plaire, à V. A. R. & à cette* AVGVSTE, REYNE *dont le sacré Hymenée fait tout nostre bonheur, & si quelque fiction, qu'il ait, il peut estre vne preuue réelle du zele, aussi bien que du deuoir, que nous auons de paroistre.*

MONSEIGNEVR
De V. A. R.

LES Tres Humbles, Tres Obeissans, & Tres Fideles Seruiteurs, & Sujects les Escoliers de son College De Chambery

# A SALTESSE ROYALE

## SONNET.

PRINCE tousjours Auguste, & tousjours plein de gloire,
Que la Vertu couronne, & qu'anime l'Honneur,
Laissez vous aujourdhuy posseder au Bonheur,
Dont l'Amour, & l'Hymen feront parler l'Histoire,

La Nimphe, qu'à regret à veû partir le Loire,
Ayant par sa beauté merité vostre cœur,
Veut enfin que l'Epoux soit maistre du Vainqueur,
Et qu'à ses doux appas il cede la Victoire.

Quittez donc du Laurier la pompeuse fierté,
Et d'vn Arbre plus doux, des mains de la Beauté,
Prenez auec plaisir, l'Immortelle Couronne.

Il est vray, le Laurier n'est que d'vn Genereux,
Mais dequoy sert l'honneur ? que le Laurier vous donne,
Si d'vn Mirte il dépend que vous soyez Heureux.

# A MADAME LA DVCHESSE ROYALE

## SONNET

RAVISSANTE Beauté, qui fistes dés la Seine
Revivre Sur le Pó le bel * Astre des Iours;
Déja de vostre Hymen sont nez ces doux Amours,
Qui vous gagnent les Cœurs, & vous en font la Reyne.

Ce sang pur & Royal de France & de Lorraine,
Qui fait partout la Pompe, & la gloire des Cours,
Bien qu'il vous ait donné de superbes atours,
N'est pas le titre seul qui vous fait Souueraine.

Les Graces, & l'Amour ne vous permettent pas,
De deuoir cét honneur, qu'á ces diuins appas,
Qui vous font de mon Prince, vne Illustre conqueste.

Quelle gloire pour vous, de voir que ce Vainqueur
Son Dia déme ait mis, sur vostre Auguste Teste,
Et que dans vos beaux yeux, il ait logé son Cœur.

*S.A.R. estoit dágereusement. Malade, lors qu'il se traitoit de son Mariage auec Madame la Duchesse Royale.

# A MADAME ROYALE.

## SONNET.

ADORABLE CHRISTINE, à ce beau iour de ioye,
Que l'Amour, & la Gloire allument de leurs feux,
Et qui termine enfin, vos desirs, & nos vœux,
Par le plus grand bonheur, qu'eut jamais la Sauoye.

Puis qu'il ne se peut pas, qu'en ces lieux on vous voye;
Où l'Hymen triomphant, de ses aimables nœuds,
A par vostre moyen, fait vn seul Cœur, de Deux,
Receuez le souhait, que l'Amour vous enuoye.

Que de la Reyne Amante, & du Roy son Amant,
Desormais tous les iours, de vostre Diamant,
Se retrouuent marquez au Temple de la Gloire,

Et que de leur Amour l'inuariable Estat,
Auec des Chiffres d'Or, porte dedans l'Histoire,
PLVS DE FERMETE QVE DECLAT

La Deuise de Madame Royale est vn Diamant, auec cette ame *Più Forte che Chiaro*

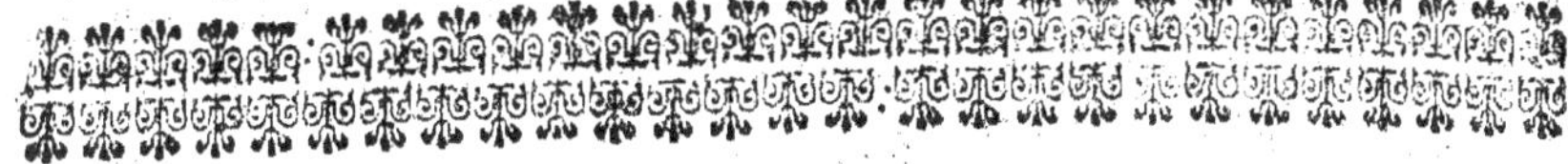

# ARGVMENT.

CETTE Piece Dramatique eſt vn Tableau, qui ſous des couleurs empruntées de la Fable, repreſente, ce qui s'eſt paſſé de plus conſiderable, aux yeux du Public, dans le Mariage de leurs ALTESSES ROYALES, dés l'Autonne derniere, où il ſe commança à traitter, iuſqu'au Printemps, où il à eſté heureuſement conclu. Ainſi toutte l'Action eſt reelle, du moins dans ſes principaux Euenemens, il n'eſt rien de feint, que les Perſonnes, & l'Allegorie eſt plus dans les Acteurs qui paroiſſent, que dans les Choſes, qui ſe repreſentent. Les Saiſons, à qui la Fable attribue vne figure humaine, peuuent en cét eſtat, ſe trouver touttes enſemble en vn meſme iour, & donner ainſi lieu, non ſeulemẽt à la Vrayſemblance, que le Theatre exige, mais encore à l'Intrigue, & au Denoüement, ſans quoy, il n'a rien qui puiſſe plaire, Outre que les choſes, qu'elles exhibent, eſtant arriuées ſous les yeux de ceux qui y aſſiſtẽt, ils ne peuuent douter d'vne verité, dont ils ſont, ou les Autheurs, ou les Teſmoins. Trois Saiſons paroiſſent doncques ſur le Theatre, l'Autonne, l'Hyver, & le Printemps, qui font à l'enuy, tout ce qui ſe peut, pour auoir l'honneur de la ſolemnité de cét Hymenée. Cela eſt l'Image des Magnifiques & Pompeux Preparatifs, qui ſe ſont faits durant ce Temps là, dans les Eſtats de leurs A.A. RR. pour la celebrité de leurs Nopces. La Deeſſe Iunon, que l'Antiquité fait preſider au Mariage, promet l'honneur de ce iour, à la Saiſon, qui fera le plus, pour l'auoir, & qui aportera plus de diligence, aux preparatifs qui ſont neceſſaires. Chaque Saiſon pouſſée d'vn violent deſir de la Gloire, & picquée d'vne genereuſe eſperance de l'emporter, travaille à fortifier ſon party, de l'apuy de quelque Divinité, qu'elle croit luy eſtre fauorable,

&

& avoir plus de credit, l'Autonne à cause de sa fecondité, ayant beaucoup de liaison avec l'Hymen, dont il est aussi le Dieu, & n'ignorant pas qu'il l'estime bien plus que les autres Saisons de l'année, qui ont moins de rapport à luy, le voit avec ciuilité & gagne si parfaitement sa bienveillance, qu'il luy promet de la seruir selon toute l'estenduë de son pouuoir. Ainsi, cette Saison, voyant qu'il s'agissoit de l'Hymenée de son Prince, & ayant ce Dieu tout à soy, se tient assurée de cét honneur. l'Hyuer qui a peu de communication auec l'Hymen, à cause de sa sterilité, & encore bien moins auec l'Amour, à raison de ses langueurs, se voyant d'ailleurs gené par le peu de temps que Iunon luy auoit accordé, à se preparer pour cette auguste ceremonie, se resout d'employer l'authorité de Saturne, qui estant de mesme humeur que luy, & son Amy intime, luy promet touttes les richesses du Siecle d'Or, à la faueur desquelles il espere de gagner l'Hymenée sans peine. Le Printemps au contraire vnique confident de l'Amour, à cause de la douceur de son naturel, & Amy de Mars à raison de ses beaux feux, scachant que ce dernier est tout puissant sur l'Esprit du plus vaillant Prince du Monde, qui tient mesme la Force captiue dans ses Laqs d'amour par le mot de FERT qu'ils portent, se resout à n'engager que ses deux Dieux à son party: En effet il reussit si bien, que quelque diligence, que l'Hyver fasse par le moyen de son argent, qu'il nepargne pas pour gaigner l'Hymenée, iamais l'Amour ne veut s'y rendre; & comme l'Hymen depend en tout de l'Amour, il ne peut obtenir ce qu'il pretend. Mars qui au commencement, seruoit l'Hyver & le Printemps en cette affaire, comme estant à tous deux, & d'ailleurs indifferent à qui cét auantage seroit accordè, puisque des deux costez il y auoit toujours part, à la fin mal traitté par les rigueurs insuportables de l'Hyver, se tourne tout à fait du costé du Printemps, & fait consentir le cœur Martial de son Prince, en faveur de cette Saison. l'Alpe qui est la fille de l'Hyver, & à qui le Printemps fait la Cour comme à sa Maitresse. Voyant que son Prince auoit de l'inclination pour le Printemps, & se trouvât obligée à ne pas manquer à cette solemnité, pour laquelle elle avoit témoigné vne ardeur incroyable, fut rauie de se voir contrainte par le respects, qu'elle doit à son Prince, à se donner enfin au Printemps, sans choquer la pieté, qu'elle doit à l'Hyver; & par vn Hymenée, avec ce Temps si doux, se disposer enfin aux illustres Nopces de son Souverain. l'Hyver ainsi delaissé de Mars, & de l'Alpe, de laquelle il se promettoit beaucoup en cette rencontre, tente vn dernier effort. Il fait que Saturne, qui est le Pere des Saisons, s'attribuë l'authorité de Iuge, de ce different: Comm'il tache donc à le terminer, il demeure ambigu sans pouvoir conclutre, sur les raisons, qui luy sont proposées de part & d'autre. l'Amour surpris de voir le Temps arresté, par cette occupation de Saturne, se fache contre l'Hyver, qui non seulement passe au delà des heures préscrittes par Iunon, mais encore arreste le Temps tout à fait & differe ainsi l'Hymen, il l'oblige de redoubler son Cours. Pendant quoy il fait vn heureux accod entre ces trois Saisons, donnãt à toutes quelque part à ce Mariage. Il adiuge au Printemps la Solemnité de cet Hymenée, par ce qu'estant d'vn Grand Prince, & d'vne Auguste Princesse, qui sont pour leur Simbole la Rose, & le Lys, Ce iour qui doit faire l'Alliance du Feu de l'Vne, avec la Neige de l'Autre, ne peut estre donné qu'à vne Saison, à qui touttes les Fleurs appartiennent. l'Autonne par ce qu'elle s'est attachée à l'Hymen, qui est de parfaite intelligence avec l'Amour, obtient le Fruict de ce Mariage, puisquelle est aussi la Saison des Fruicts, Pour l'Hyver, Il veut qu'il n'ait desormais, du Feu & de la Neige, que pour porter toujours les livrées de ces Fleurs Royales; qu'il ne forme des Glaces, que pour leur faire de plus beaux Miroirs, & pour avoir toujours chez soy l'Image de ces Augustes Amans.

Nous n'expliquons pas icy, ni dans l'Argument de chaque Acte, le detail de l'Intrigue; il suffit qu'on la voye en general: Comme elle est des choses, qui viennent d'estre faites, il n'est nulle nullement, necessaire: & Possible, si elle paroissoit toute à découvert sur le papier, elle osteroit beaucoup de l'agrément que sa nouveauté donnera au Spectacle. Toutte la Piece est reduite à trois Actes, non pas tant par ce qu'elle peut auoir sa iustesse dans ce nombre, si l'on s'en tient au suffrage d'vn Ancien, que parce qu'on n'en a pas voulu Cinq. Il ne faut pas exiger d'vn homme toutes les Regles de l'Art, quand il est contraint de prendre la Loy d'ailleurs : Aristote soumettroit sa Poëtique à sa Politique, s'il estoit de nostre âge, & advoüeroit que tous les Arts doiuent, ceder, ou s'accommoder à celuy de Plaire.

## La Scene est au Valentin.

# I. ACTE

IVNON entre sur le Theatre, pressée d'vn impatient desir, de sçauoir, quel succez a eu la Deputation, qu'elle a faite, de l'Hymen à S. A. R. & de l'Amour à la Royale Princesse, pour les disposer au Mariage, dont elle pretend les vnir. La Renommée luy en apprend quelque chose, mais comme ordinairement, Elle n'est pas instruite du fond des affaires, ce qu'elle en a appris, ne la contente pas: Au contraire son desir en paroit plus échauffé. Pourtant, comme elle ne peut ignorer les ordres de la Raison, Elle n'est pas dans vn doute si entier, qu'elle ne pense à l'appareil de ces Nopces, Comme si déia elles estoient concluës. Pour cela Elle Ménage l'esprit des trois Saisons, qu'elle voit aspirer à l'honneur de cette Feste, & promet de l'accorder à Celle, qui fera de plus belles choses, pour la celebrer. Ces trois Saisons sont le Printemps, l'Automne, & l'Hyver, dont Chacune gagne vn Dieu, qui Epouse ses Interests, & appuye ses Pretentions. Le Printemps a pour soy l'Amour qui ordinairement a le Cœur fort épanoüy. l'Hymen suit le party de l'Autonne, dont il aime la Fécondité, & l'Hyver prend Celuy de tous les Dieux, qui ayant plus de rapport à son humeur, a s'il luy semble plus de Moyens de faire reussir ses pretentions: C'est Saturne, qui par les auantages de l'Age d'Or, dont il est le Maistre, se promet de Procurer à son Client, la Grace, qu'il souhaite. Mais pendant que Chacune de ces Saisons, s'appreste à pousser son dessein, la rencontre que l'*A*utonne fait de l'*A*mour, qui apporte de Paris le Portrait de la Princesse, luy donne vne favorable occasion de fortifier son Party, allant avecque ce Dieu, & avecque l'Hymen dont elle estoit accompagnée, presenter cette Peinture, à *S. A. R.* Esperant que dés la premiere veüe, ne pouuant refuser son Cœur, à vne Beauté si acheuée, il commenceroit, & finiroit dés lors son Mariage entre ses Mains.

*Ce fut à l'Autonne derniere que fut apporté le Portraict de Madame la D. R.*

# II. ACTE.

PVISQVE dans le Cours & dans l'Ordre des Saisons, l'Hyver, & le Printemps partagent entre eux le Mois de Mars : Il est iuste, qu'il paroisse sur nostre Theatre avecque des sentimens partagez, & nous ne pouuions leurs donner de Confident, qui entrat mieux dans les Interéts de l'vn & de l'autre, que ce mois, qui leur est également lié : Mars doncques paroit, donnant à l'Hyver des aduis differens, de ceux quil donne au Printemps ; Par ses Conseils il affermit celuy là, dans la resolution qu'il avoit déja prise, de se seruir de Saturne, pour venir à bout de son dessein ; & comme il a part au froid temperament de cete Saison, il luy inspire des moyens, qui n'ont point de chaleur, & luy suggere vn Partisan qui languit : Mais il donne à l'Autre des conseils subtils & pleins de Feu, & sans trahir l'Hyver, puis qu'il luy a ouvert touttes les voyes, qu'il est capable de prendre pour arriuer à sa fin : Il se sert de sa Confidence en faveur du Printemps. Il sçait que l'Alpe couue sous ses Neiges, autant de Feu que de Beauté, & que n'y ayant point de Glace, à l'épreuve des vœux constans d'vn Amant charmant & fidelle, Elle n'a pas de l'indifference pour le Printemps, que ses charmes luy ont acquis. Ainsi il ne peut douter, que nonobstant ses froideurs, elle ne prit ardemment les occasions de luy faire quelque grace. Outre cela il a sçû de l'Hyver, que l'Alpe sa Fille tacheroit à luy gagner l'Amour, par les caresses qu'elle luy feroit en ses frequens passages, allant à la Princesse, & reuenant à S. A. R. Ces deux connoissances font qu'il conseille au Printemps de gagner l'Alpe, & l'Amour par son moyen. Le Printemps l'entreprend, & en vient à bout. Cét heureux succez, & le Conseil de Mars ne peuvent estre cachez à l'Hyver. Car qu'est ce qui se peut dérober aux yeux d'vn jaloux, quelque languiſſant qu'il ſoit ; & c'eſt ce qui l'allume contre ce Confident commun, que l'Hyver a acheué d'éloigner de ſon party, par ſes plaintes & ſes outrages. Mars ſe declare doncques hautement pour le Printemps, & profitant du pouvoir, que luy donne la Martiale humeur de *S. A. R.* Va luy meſme la preſſer de ne point confier à cette froide & morne Saiſon la ſolemnité, qui doit eſtre la ioye de la Nature. Cela fait eſperer au Printemps vn entier auantage, & il eſt confirmé en ſon eſperance, par la nouuelle, dont vn Zephir eſt le porteur, que l'Amour bien loin de vouloir honorer l'Hyver de ces Nopces Fortunées, ne veut pas meſme luy fier les premiers pas, que la Princeſſe doit faire, pour les celebrer. Auſſi afin que l'Alpe qui l'a ſervi en cette rencontre, puiſſe contribuer quelque choſe à la gayeté de cette Feſte, il l'Epouſe promptement, autant par reconnoiſſance, que par amour ; & la delivrant de l'horreur qu'Elle tient de ſon Pere, la parc de tous les atours, dont il embellit la Nature.

# III. ACTE.

LES Grans biens ſont ſi fort enuiez, que leur ioüiſſance meſme attirant des ennemis à ceux, qui les poſſedent, les expoſe au danger de les perdre. Le Printemps, qui penſoit ne pouvoir eſtre troublé, dans la Victoire, qu'il avoit remportée ſur l'Hyver, eſt de nouueau attaqué par luy, & par l'Autonne ; & ſans doute il auroit eu de la peine à ſe demêler de tant d'oppoſitions, ſi l'Amour n'eut épouſé ſon Party avec chaleur ; Car Saturne, à qui il appartient de iuger du different des Saiſons, n'ayant que des reſolutions languiſſantes & ambiguës, laiſſoit leur different indecis. Mais l'Amour faché de ſes longueurs, prononce en faveur du Printemps ; & comme il ne veut pas, que ſon im-

pa-

patience soit la seule raison de son Arrest, Il la tire mesmes de ces deux Royales Personnes. l'Amant, en qui florit le Courage & la Gloire de mille Braues, ses Ayeuls, a l'Eclat de la Rose, qui luy sert de Simbole, mais sans rien auoir de la foiblesse, que cette Fleur porte en son genre, & en son nom : l'Amante, en qui tout est doux, tout est beau, tout est lumineux, n'a pas moins de maiesté, que le Lys, dont elle fait son Caractere ; Mais son Front, où les Charmes n'ont aucune fierté, n'a point de part à celle que le nom de cete Fleur mesle, & à sa beauté, & à sa gloire. Ainsi ces deux Illustres Personnes deuant estre traitées, comme les Fleurs, dont elles ont les auantages, ne deuoient estre vnies, qu'en vn temps, où les Fleurs se Marient; l'Amour le iuge ainsi, & c'est par cette raison, que le Printemps l'emporte, par dessus les autres Saisons. Pourtant comme le Zele, qu'elles ont témoigné, à vouloir celebrer ces Augustes Nopces, ne doit pas estre sans recompense : l'Amour la leur donne proportionnée à ce qu'elles ont de particulier. Le Fruict de ce Mariage est promis à l'Autonne, & par là sa fertilité arriuera au comble de sa gloire. la Neige dont l'Hyver se couvre, & le Feu, dont l'Vsage luy est propre, ne feront plus des Signes de l'Horreur, mais des Livrées de ces deux Illustres Amans; Cette rigoureuse Saison les portera toujours, & par cette metamorphose, la Gloire de ces deux Royales Personnes, & le Zele de cette saison auront vn éclat toujours vif, & toujours florissant. Ainsi le prononce l'Amour ; les Saisons s'y accordent, les Fleurs, glorieuses filles du Printemps y consentent ; & par les hommages, qu'elles viennent rendre à ces deux Royales Fleurs, Elles font connoistre, que dans ce Mariage tout ce que la Terre a de plus Illustre, & de plus grand, est vni à tout ce quelle a de plus Charmant & de plus beau, puisque de l'vnion du Feu de l Vne, auec la Lumiere de l'Autre, se forme le Grand Iour de l'Amour, & de la Gloire.

# LA BEAVTE TRIOMPHANTE DE LA VALEVR.

## Compliment fait par l'Amour à Madame la Duchesse Royale.

### STANCES

*OYALE ALTESSE, à ce Visage,*
*Où regne, avec Serenité,*
*Vne Mâle & douce Beauté,*
*L'Amour mesme vient rendre homage.*
*Il prend vn grand plaisir à voir,*
*Que vostre Oeil ait plus de pouvoir,*
*Que n'en a la Valeur du plus grand Cœur du Monde:*
*Et que vostre Beauté, d'vn seul de ses appas,*
*Triomphe d'vn Heros, de qui la Terre, & l'Onde*
*Ne pourroient Triompher, apres mille combas.*

Des ces deux Immortelles Races,
Et de Lorraine, & de Bourbon,
Vous auez bien moins de Renom,
Que vous n'en auez de vos Graces.
Il est sur tout de ce beau Teint,
Dont la Rose, & le Lys se peint,
Quand l'Astre de nos iours, les dore, & les parfume.
Ce Visage si beau, cét Oeil si delicat,
Est le Feu, dont le Cœur de mon Prince s'allume,
Et le Iour d'où son Front à tiré plus d'Eclat.

Quoy que vous deuiez aux Couronnes,
De Soixante Roys vos Ayeux,
Vous deuez bien plus à vos yeux,
Qu'à tant de Royales Personnes.
Toute leur Souueraineté
Estoit de cette Authorité
Que se donne par tout la puissance des Armes.
Mais la vostre n'a rien, que ce Pouuoir si doux,
Qui seul par les efforts de ses aimables Charmes,
Du plus Vaillant Heros, fait le plus Tendre Epoux.

Ainsi le Cœur Royal d'vn Braue
Malgré sa Generosité
Me fait dire, que la Beauté,
Quand Elle veut, fait vn Esclaue.
Que la Valeur ait des efforts,
Elle n'en a, que sur le Corps,
Et tout ce qu'elle peut, n'est que sur la Matiere,
Mais la Beauté triomphe auec plus de vigueur,
Et d'vn Feu, qui n'a rien du Feu que la Lumiere,
Elle sçait par les yeux, gagner l'Ame & le Cœur.

*La Valeur est souuent Cruelle,*
*On la voit couverte de Fer,*
*Quand elle pretend triompher,*
*N'auoir que l'Horreur autour d'elle.*
*Mais au lieu de cét appareil,*
*La Beauté, d'vn art sans pareil,*
*Aux plus vaillans Heros, n'oppose qu'vn Visage:*
*Et d'abord à ce coup, tous les Heros soumis,*
*Laissent à la Beauté, l'honneur & l'auantage,*
*Et d'auoir des Captifs, & d'auoir des Amys.*

*La Valeur combat des Perfides,*
*Et Couronne les Conquerans,*
*Pour auoir vaincu des Tyrans,*
*Et subiugué des Parricides.*
*La Beauté veut des Cœurs bienfaits,*
*Qu'elle gagne par les attraits*
*De sa facilité, plus que par son audace.*
*Tous ses Combas n'ont rien de Sanglant ni d'Afreux,*
*Et comme elle ne vainc que par sa Bonne-Grace,*
*Son Triomphe ne tend, qu'à faire vn homme heureux.*

*Elle n'a rien de ce Carnage,*
*Qui vient du Fer, & de l'Airain,*
*Sans rien auoir de l'Inhumain,*
*Elle a tout du Noble Courage.*
*Elle ne veut point de ce Feu,*
*Dont la Valeur se fait vn Ieu,*
*Quand elle fait par tout de funestes desastres:*
*Tout le Feu dont elle vse, est vn Feu de Pudeur:*
*Ou bien ce sont des Feux des Roses, & des Astres,*
*Qui sont tout de Lumiere, & tout de bonne Odeur.*

A vos Yeux belle Souueraine;
Ainsi l'on voit le plus grand Cœur,
Perdre le titre de Vainqueur,
Et vous donner celuy de Reyne.
Il veut, pour estre tout à vous,
Que le Heros soit à l'Epoux,
Ou plustost que tous deux soient à ce que vous estes,
Que sa haute Valeur cede à vostre Beauté,
Et que pour acheuer l'honneur de vos Conquestes,
Elle vous donne tout, iusqu'à sa Liberté.

# Noms Des Acteurs.

## PROLOGVES.

CHARLES DE CHABO COMTE DE IACOB.
MAVRICE DE CHABO BARON DE LVPIGNY.

*IVNON.*

GEOR. IOS. DE CHAMOSSET.

*LA RENOMMEE.*

ANT. PIGNIER.

*LE PRINTEMPS.*

CENTORIO DE BERTRAND DE LA PERROVSE

*L'HYVER.*

CLAVDE HENRY DE RAIDELET.

*POMONNE.*

PIERRE FICHET.

*L'AVTOMNE.*

IOSEPH CARRON.

*L'ABONDANCE.*

ANDRE' EXCOFFON

*L'HYMEN.*

IEAN-BAPT. DE CASTAGNIERE.

*L'AMOVR.*

MARC. ANTOINE FICHET

*MARS.*

CHARLES VIDET.

*SATVRNE.*

IEAN. ANT. MORAND.

*L'AMOVR DEGVISE*

P. ANT. DE CHASTEAV-NEVF.

*L'ALPE*

IOSEPH de L'ESCHERAINE

*LE ZEPHIRE.*

PHILIB. DE MERANDES

*LA ROSE.*

P. ANT. DE CASTAGNIERE.

*LE LYS*

PIERRE FICHET.

*L'HYACINTHE,*

PIER. ANT. D'AVRIEVX

*LA MARGVERITE.*

CLAVDE NOIREY.

*L'IMPERIALE.*

IEAN BAPT. COSTA,

*LE TOVRNESOL.*

PHILIB. DE MERANDES

*LE NARCISSE.*

IEAN ROGLIA.

*L'AMARANTHE.*

AYME' BAILLI.

*L'EPILOGVE,*

MAVRICE DE CHABO.

www.ingramcontent.com/pod-product-compliance
Lightning Source LLC
LaVergne TN
LVHW050513160826
845677LV00003B/1107

* 9 7 8 2 3 2 9 6 1 9 3 0 9 *